Lesedetektive

Svenja will ein Junge sein

Luise Holthausen

mit Bildern von Christine Goppel

Dudenverlag

Mannheim · Zürich

Vorwort

Hallo, liebe Leserin! Hallo, lieber Leser!

Lesen macht Spaß – besonders dann, wenn du schnell und mühelos vorankommst und alles verstehst, was du liest.
Ob du ein sicherer und aufmerksamer Leser bist, kannst du mit diesem Übungsbuch feststellen. Und wenn dir das Lesen noch etwas schwerfällt, dann helfen dir die vielen lustigen Leserätsel dabei, immer besser zu werden. Und das geht so:

In diesem Buch wird – immer auf den linken Seiten – eine zusammenhängende Geschichte erzählt.
Auf jeder rechten Seite findest du mehrere Leserätsel, die du knacken kannst, wenn du den Text links aufmerksam gelesen hast.

Manche Rätsel löst du durch Ankreuzen oder Einkreisen, andere durch Ergänzen, Durchstreichen, Verbinden oder Anmalen. Nebenstehend findest du ein paar Beispiele.

Die Lösungen zu allen Rätseln findest du ab Seite 46.
Für jeden gelösten Fall bekommst du dort ein Geheimschriftsymbol. Auf der Lese-Rallye-Seite hinten entschlüsselst du so nach und nach einen Lösungssatz. Wenn du die Lese-Rallye beim Rätseln immer ausgeklappt lässt, siehst du auf einen Blick, wie viele Fälle du schon geknackt hast.
Ganz einfach, oder?
Dann kanns jetzt losgehen! Ich wünsche dir viel Spaß beim Lesen und Rätseln!

Dein Lesedetektiv

Leserätsel – Beispiele

Lies genau.
In jedem Satz steht ein Wort zu viel. Streiche durch.

„Das gilt nicht", ~~ist~~ behauptet Niklas.

Er pfeift ~~Tor~~ und spurtet mit dem Ball los.

Richtig oder falsch?
Was stimmt, was stimmt nicht? Kreuze an.

	stimmt	stimmt nicht
Niklas will das erste Tor nicht anerkennen.	☒	☐
Niklas legt den Ball in die Mitte und pfeift.	☐	☒

Was gehört zusammen?
Male die Kärtchen, die zu einem Wort gehören, mit derselben Farbe an.

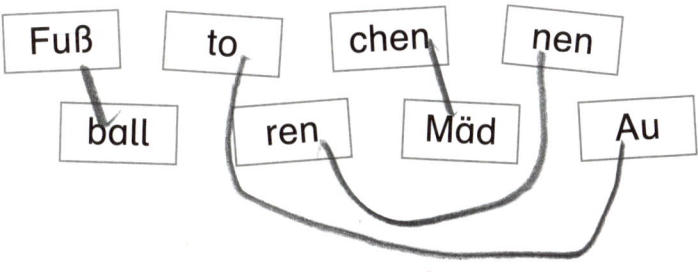

Fuß	to	chen	nen
ball	ren	Mäd	Au

Was bedeutet das Wort?
Was bedeutet „lästern"? Markiere.

○ jemanden belästigen
○ jemanden auslachen
☒ abfällig über jemanden reden

3

Svenja will ein Junge sein

Svenja steht im Bad
und wäscht sich die Haare.
Svenja hasst es,
sich die Haare zu waschen.
Papa und Niklas sitzen am Computer
und spielen Autorennen.
Svenja liebt es,
am Computer Autorennen zu spielen.

Leserätsel

4. Fall:

Wie heißen die Sätze richtig? Markiere.

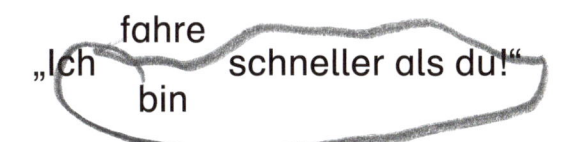

„Ich ~~fahre~~ schneller als du!"
  ~~bin~~

„Guck mal, wie mein Auto in die Kurve ~~düst~~!"
                                        rast

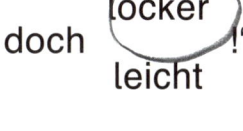

„Dich krieg ich doch ~~locker~~!"
                       leicht

Er drückt wie wahnsinnig auf die Tasten.
              ~~verrückt~~

5. Fall:

Schau dir das Bild links genau an.
Was stimmt nicht? Streiche durch.

Papa trägt ein grünes T-Shirt.

Niklas hat eine blaue Hose an.

Niklas sitzt rechts von Papa.   ✗

Papas Stuhl hat eine Lehne.

Niklas trägt ein orangefarbenes T-Shirt.

7

Svenja rubbelt sich die Haare
mit dem Handtuch trocken.
Sie würde so gerne
bei Papa und Niklas mitspielen.
Aber Mama will ihr gleich noch
einen schönen Zopf flechten.
Für ihre Geburtstagsparty.
Heute feiert Svenja nämlich Geburtstag.

Leserätsel

6. Fall:

Was kann man flechten? Unterstreiche.

Lineal   Kranz   Korb   Pinsel   Zopf

7. Fall:

Schreibe die fehlenden Wörter in die Lücken.

Svenja rubbelt sich die _Haare_ trocken.

Sie würde so _gerne_ bei Papa und Niklas mitspielen.

Aber Mama will ihr gleich noch einen schönen _Zopf_ flechten.

Heute _hat_ Svenja nämlich Geburtstag.

8. Fall:

Welches Wort und welches Bild passen zu Svenjas Gefühlen? Kreise ein.

fröhlich   grimmig   traurig

„Ich hab gewonnen!",
hört sie Niklas jubeln.
„Los, Papa, noch einmal!"
„Jungen haben es viel besser
als Mädchen", denkt Svenja finster.
„Die müssen sich nicht fein machen.
Die müssen sich keinen Zopf
flechten lassen.
Die kriegen tolle Sachen geschenkt
und dürfen immer am Computer spielen."

Leserätsel

9. Fall:

Überprüfe, was im Text steht. Kreuze an.

Jungen haben es besser, weil

- [x] sie sich nicht fein machen müssen.
- [x] sie immer am Computer spielen dürfen.
- [ ] sie immer Hosen anziehen dürfen.
- [ ] sie länger aufbleiben dürfen.
- [x] sie tolle Sachen geschenkt kriegen.

10. Fall:

Trenne die Wörter mit Strichen.

SVENJA|WÄRE|AM|LIEBSTEN|AUCH|EIN|JUNGE.

11. Fall:

Was reimt sich nicht? Streiche durch.

kriegen   fliegen   ~~legen~~   siegen   biegen

haben   graben   traben   ~~loben~~   schaben

Auf der Ablage vor dem Spiegel
liegt die Schere.
Svenja schaut die Schere an.
Sie schaut ihre Haare an.
Plötzlich wandert die Schere
fast wie von selbst in ihre Hand
und fängt an zu schneiden.
Bald liegen lauter dunkle Haarbüschel
um Svenja herum.
Und auf ihrem Kopf
sieht es ziemlich struppig aus.
Aber kurz.
Genau richtig für einen Jungen.

Leserätsel

12. Fall:

Was stimmt? Kreise ein.

Auf der Ablage vor dem Spiegel liegt eine Zange / Zahnbürste / **(Schere)**.

Svenja schaut ihre **(Haare)** / Augen / Hände an.

Die Schere wandert wie von selbst in ihre Hosentasche / **(Hand)** / Finger.

13. Fall:

Warum schneidet Svenja ihre Haare ab?
Kreuze an.

☒ Lange Haare sind ihr zu kompliziert.

☐ Sie will ihre Eltern ärgern.

☒ Sie will ein Junge sein.

„He, das ist unfair!",
beschwert sich Papa gerade.
„Du hast mich abgedrängt!"
Das weiß Svenja doch schon lange,
dass Niklas unfair ist!
Sie schleicht sich in ihr Zimmer.

Leserätsel

14. Fall:

Wer tut was? Verbinde.

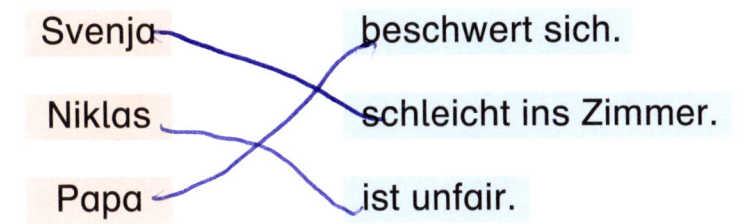

Svenja — beschwert sich.
Niklas — schleicht ins Zimmer.
Papa — ist unfair.

15. Fall:

Was bedeutet „unfair"? Kreise ein.

unfreundlich   (ungerecht)

unheimlich

16. Fall:

Wie geht Svenja in ihr Zimmer? Markiere.

☒ mit leisen Schritten
○ mit großen Schritten
○ mit schnellen Schritten

15

Obwohl draußen die Sonne
vom Himmel brennt,
kramt sie ihre olle schwarze Hose
aus dem Schrank.
Die vom letzten Winter,
bei der die Knie
schon fast durchgescheuert sind.
Niklas schaut um die Ecke.
„Was hast du denn
mit deinem Kopf gemacht?",
brüllt er los.

Leserätsel

17. Fall:
Was stimmt? Kreuze an.

Svenjas alte Hose ist
- [ ] druchgescheuert.
- [x] durchgescheuert.
- [ ] durchgescheurert.

18. Fall:
In welcher Jahreszeit hat Svenja Geburtstag?
Kreise ein.

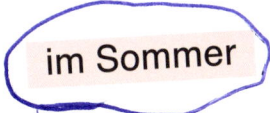

im Frühling   (im Sommer)   im Herbst   im Winter

19. Fall:
Welche Wörter kommen im Text nicht vor?
Streiche durch.

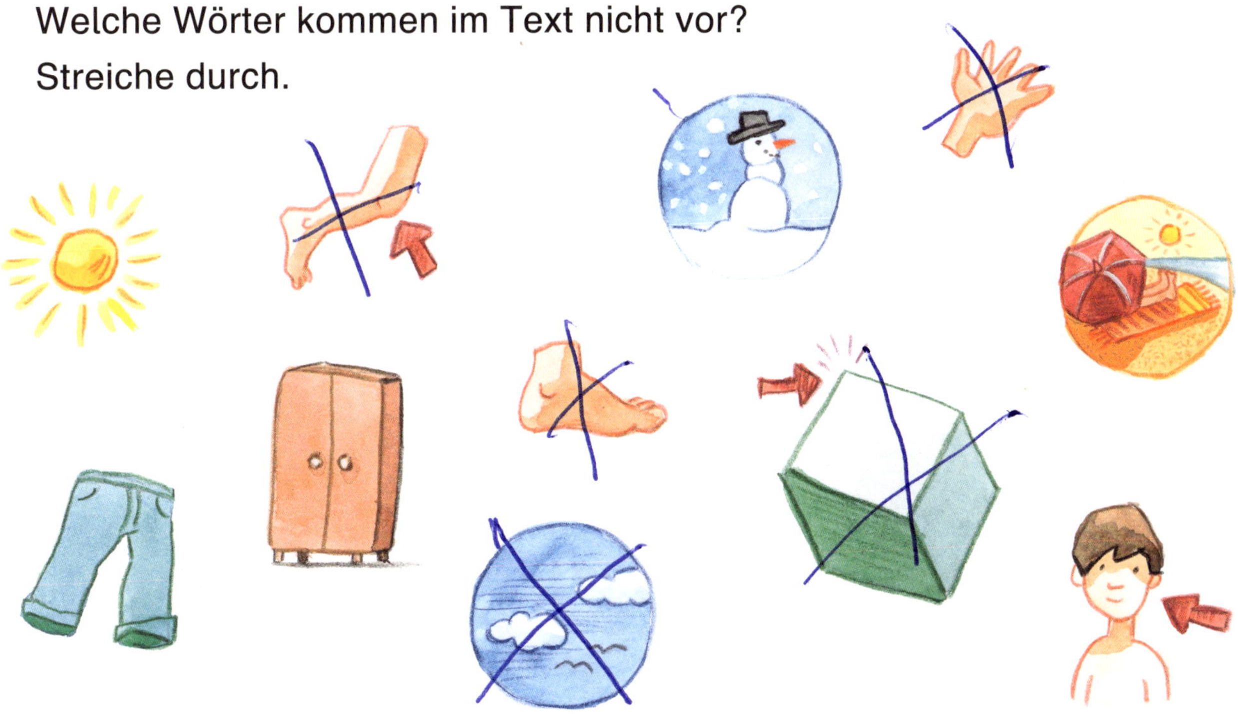

Er brüllt so laut,
dass Mama und Papa angerannt kommen.
Sie denken, Svenja ist etwas passiert.
„Deine schönen langen Haare!",
ruft Mama entsetzt.
„Ich brauche keine langen Haare mehr",
erklärt Svenja.
Mit einem Stift streicht sie
die letzten beiden Buchstaben auf
dem Namensschild an ihrer Tür durch.
„Ab heute bin ich ein Junge."

Leserätsel

20. Fall:

Warum kommen Svenjas Eltern angerannt?
Kreuze an.

☐ Sie haben Svenjas Kopf gesehen.

☐ Niklas hat sie gerufen.

☒ Niklas hat so laut gebrüllt.

21. Fall:

Wie kann man noch sagen? Verbinde.

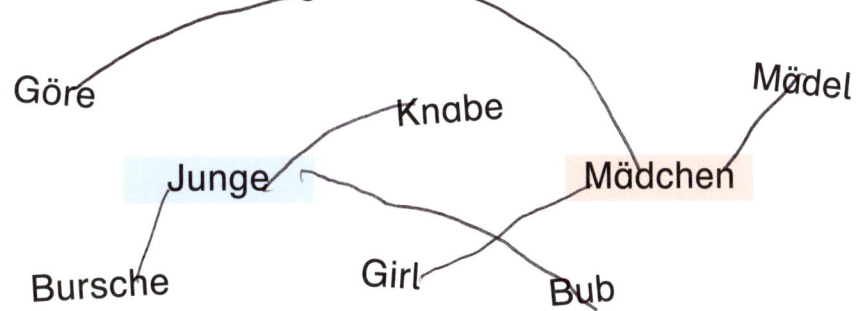

Göre — Mädel
Knabe
Junge — Mädchen
Bursche   Girl   Bub

22. Fall:

Mache aus den Mädchennamen Jungennamen.
Streiche die überzähligen Buchstaben durch.

Paul~~a~~   Antoni~~a~~   Stefan~~ie~~   Karl~~a~~

Emil~~ia~~   Leon~~ie~~   Franz~~iska~~

Frank~~a~~

Svenja

Um drei Uhr
fängt Svenjas Geburtstagsparty an.
Sieben Mädchen hat sie eingeladen.
Und Tilmann.
Weil Tilmann der netteste Junge
aus ihrer Klasse ist.
„Deine Haare sehen irgendwie
so komisch aus", meint Tilmann.
„Und deine Hose auch", sagt Marie.
Marie hat ein rosa Kleid
mit lauter Rüschen an.
So was hätte Svenja
nicht mal als Mädchen angezogen!

Leserätsel

23. Fall:

Um wie viel Uhr fängt
Svenjas Geburtstagsfeier an?
Zeichne den großen
und den kleinen Zeiger ein.

24. Fall:

Wie viele Mädchen hat Svenja eingeladen?
Rechne aus und markiere.

81 − 73   21 : 3   30 : 5

25. Fall:

Was trägt Marie? Kreuze an.

☐ ein rosa Kleid mit blauen Rüschen

☐ ein rotes Kleid mit lauter Rüschen

☒ ein rosa Kleid mit lauter Rüschen

☐ ein rosa Kleid mit lauter Röschen

Svenja zeigt auf das Namensschild
an ihrer Tür.
„Ich heiße Sven", sagt sie.
„Ich bin ein Junge."
Alle Kinder singen:
„Happy birthday, lieber Sven!"
Danach stürzen sie sich auf den Kuchen
und trinken Limonade.

Leserätsel

26. Fall:

Wie reagieren die Kinder darauf, dass Svenja ein Junge ist?
Unterstreiche.

~~Es stört sie nicht.~~

Sie finden das total doof.   Sie lachen Svenja aus.

27. Fall:

In welcher Sprache singen die Kinder?
Kreuze an.

[x] (englisch) [ ] (deutsch) [ ] (italienisch)

28. Fall:

Beantworte die Fragen.

Wie viele Kinder haben einen oder zwei Zöpfe? `3`

Wie viele Kinder tragen eine Brille? `1`

Wie viele Kinder schließen beim Singen die Augen? `3`

Und dann macht Papa mit ihnen Spiele.
Topfschlagen und Brezelschnappen
und Eierlaufen.
Beim Topfschlagen schummelt Niklas.
Er linst unter seiner Augenbinde hervor.
Beim Eierlaufen schubst er Svenja
mit dem Ellbogen zur Seite.
Und beim Brezelschnappen
gewinnt er sowieso.
Weil er der Größte unter den Kindern ist.

Leserätsel

29. Fall:
Welche Spiele werden gespielt? Verbinde.

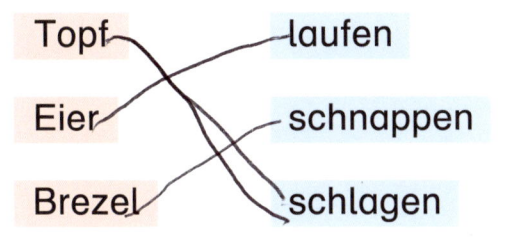

Topf — schlagen
Eier — laufen
Brezel — schnappen

30. Fall:
Durch welches Wort kann man das farbige Wort ersetzen? Male an.

Niklas schummelt beim Topfschlagen.   ~~mogelt~~   lügt

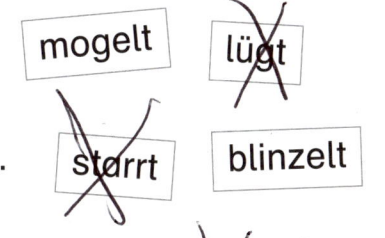

Er linst unter seiner Augenbinde hervor.   ~~starrt~~   blinzelt

Er schubst Svenja mit dem Ellbogen zur Seite.   ~~zieht~~   drängt

31. Fall:
Warum gewinnt Niklas beim Brezelschnappen? Kreise ein.

Er ist   geschickter / schneller / (größer)   als die anderen Kinder.

„Du bist so was von gemein!",
schreit Svenja.
„Jedes Spiel musst du verderben!"
„Das ist doch alles Babykram",
meckert Niklas. „Ich will
sowieso lieber Fußball spielen.
Wer spielt mit?"
Dabei schaut er Tilmann an.
„Ich!", ruft Marie
in ihrem rosa Rüschenkleid sofort.
„Ich auch!", ruft Svenja schnell.
Niklas schaut immer noch Tilmann an.

Leserätsel

32. Fall:

Was stimmt? Kreise ein.

Svenja findet, Niklas ist ein

(Spielverderber.) Angeber. Vordrängler.

33. Fall:

Wer spielt beim Fußball mit? Schreibe auf.

AJNEVS   NNAMLIT   SALKIN   EIRAM

34. Fall:

Wie viele Silben haben die Wörter? Trage ein.

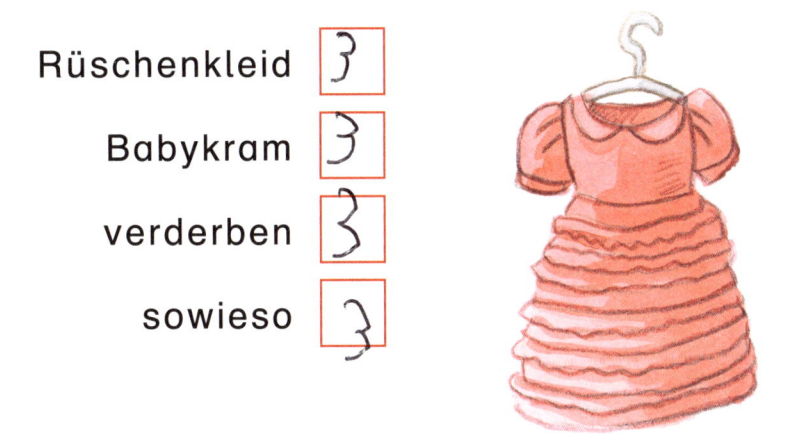

Rüschenkleid [3]
Babykram [3]
verderben [3]
sowieso [3]

„Meine Schuhe sind neu", murmelt der.
„Die dürfen nicht dreckig werden."
„Komisch", denkt Svenja.
„Tilmann hat doch die Schuhe an,
die er immer anhat …"
Niklas macht ein enttäuschtes Gesicht.
„Also gut", murrt er. „Svenja und Marie
spielen zusammen gegen mich.
Sonst ist es ungerecht."

Leserätsel

35. Fall:

Warum spricht Tilmann von seinen Schuhen?
Kreuze an.

	ja	nein
Er hat wirklich Angst, dass seine Schuhe dreckig werden.	☐	☒
Er will sich deshalb alte Schuhe von Niklas leihen.	☐	☒
Er will überhaupt nicht Fußball spielen und sucht eine Ausrede.	☒	☐

36. Fall:

Wer spielt gegen wen? Markiere.

○ Marie gegen Svenja und Niklas

○ Niklas und Tilmann gegen Svenja und Marie

⊗ Niklas gegen Svenja und Marie

37. Fall:

Wer macht was? Verbinde.

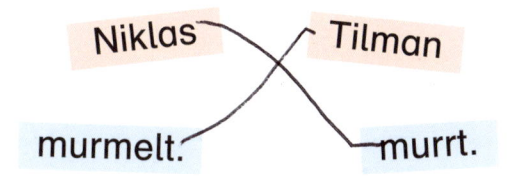

Niklas — murrt.
Tilman — murmelt.

Weil die anderen alle
keine Lust auf Fußball haben,
gehen sie zu dritt in den Garten.
Zwischen der kleinen Tanne
und dem Apfelbaum ist das Tor.
Marie schnappt sich sofort den Ball.
Sie dribbelt Niklas aus
und schießt den Ball haargenau
zwischen den beiden Bäumen hindurch.
„Tooor!", jubelt Svenja.

Leserätsel

38. Fall:

Wer schießt das erste Tor? Schreibe auf.

Marie _____ schießt das erste Tor.

39. Fall:

Wo ist das Tor? Kreuze an.

☐ zwischen einer Hecke und einer Tanne

☒ zwischen einer Tanne und einem Apfelbaum

☐ zwischen einem Apfelbaum und einer Fichte

40. Fall:

Bringe die Sätze in die richtige Reihenfolge.
Nummeriere von 1 bis 5.

4	Sie schießt den Ball haargenau zwischen den beiden Bäumen hindurch.
1	Sie gehen zu dritt in den Garten.
2	Alle anderen haben keine Lust auf Fußball.
5	„Tooor!", jubelt Svenja.
3	Marie schnappt sich sofort den Ball.

„Das gilt nicht",
behauptet Niklas. „Wir haben ja
noch gar nicht richtig angefangen.
Erst muss ich das Spiel anpfeifen."
Er pfeift und spurtet im selben Moment
mit dem Ball los.
„Das gilt auch nicht!",
will Svenja rufen.
Aber das ist überhaupt nicht nötig.
Denn Marie hält locker mit Niklas mit.
Sie spitzelt ihm den Ball vom Fuß
und schießt das zweite Tor.

Leserätsel

41. Fall:
In jedem Satz steht ein Wort zu viel.
Streiche es durch.

„Das gilt nicht", ist behauptet Niklas.

Er pfeift Tor und spurtet mit dem Ball los.

Marie hält aus locker mit Niklas mit.

Sie schießt Ball das zweite Tor.

42. Fall:
Was stimmt, was stimmt nicht?
Kreuze an.

	stimmt	stimmt nicht
Niklas will das erste Tor nicht anerkennen.	✓	
Niklas legt den Ball in die Mitte und pfeift.		✓
Marie spielt nicht schlechter Fußball als Niklas.	✓	
Marie nimmt Niklas den Ball ab.	✓	
Svenja schießt das zweite Tor.		✓

„Wir machen es anders",
keucht Niklas.
„Marie und ich gegen Svenja."
Das ist ja nun wirklich ungerecht!
Aber Svenja sagt lieber nichts.
Als Junge darf sie sich beim Fußball
nicht beklagen. Auch wenn ihr
in der ollen Winterhose
einfach oberaffenheiß ist.
Und die Hose sich anfühlt,
als sei sie tausend Kilo schwer.

Leserätsel

43. Fall:

Welche Wörter findest du?
Markiere und schreibe auf.

B	T	A	U	S	E	N	D
K	U	K	M	A	R	I	E
I	Z	J	L	E	W	K	A
L	F	U	ß	B	A	L	L
O	R	N	T	M	B	A	S
M	A	G	E	H	O	S	E
S	V	E	N	J	A	K	C

Hose   Kilo

Fußball   Svenja

tausend   Niklas

Marie   Junge

44. Fall:

Wie fühlt sich Svenja in ihrer Hose? Kreise ein.

Ihr ist — oberaffenheiß.

Kein Wunder, dass Svenja
das Spiel 2:15 verliert.
Nach dem Spiel ist Maries Kleid
nicht mehr rosa.
Und Svenjas Hose hat endgültig
ein Loch im Knie.
„Ihr zieht jetzt erst einmal
saubere Sachen an", bestimmt Mama.

Leserätsel

45. Fall:

Wie geht das Spiel zu Ende? Kreuze an.

☒ Svenja hat 15 Tore geschossen, die anderen 2.

☑ Die anderen haben 15 Tore geschossen, Svenja 2.

☒ Svenja gewinnt mit 13 Toren Vorsprung.

46. Fall:

Schau dir das Bild links genau ein. Kreise ein.

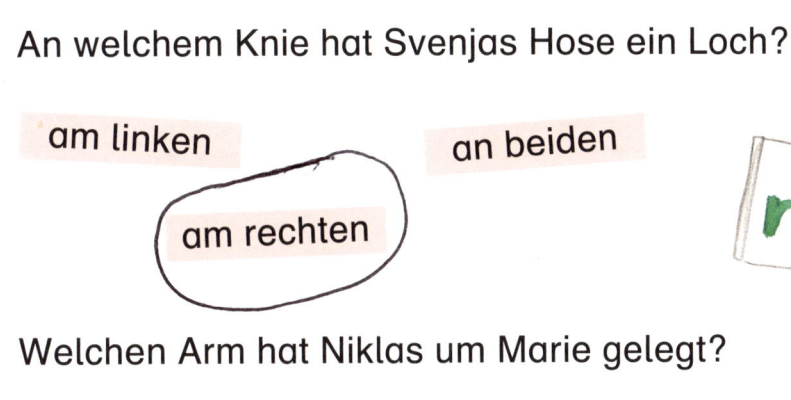

An welchem Knie hat Svenjas Hose ein Loch?

am linken   an beiden

(am rechten)

Welchen Arm hat Niklas um Marie gelegt?

gar keinen   den rechten

(den linken)

Welchen Arm reckt Marie in die Höhe?

den linken   (gar keinen)

den rechten

Jetzt ist Svenja doch froh,
dass sie ihr Sommerkleid
mit den blauen Punkten anziehen kann.
Auch wenn sie eigentlich ein Junge ist.
In dem Kleid ist es so schön kühl!
Der großen Marie
passen nur die Sachen von Niklas.
Deshalb kriegt sie sein Trikot.
Genau das Richtige
für ein Fußballass wie Marie.

Leserätsel

47. Fall:

Welche Kleidungsstücke gehören zu welchem Mädchen?
Verbinde.

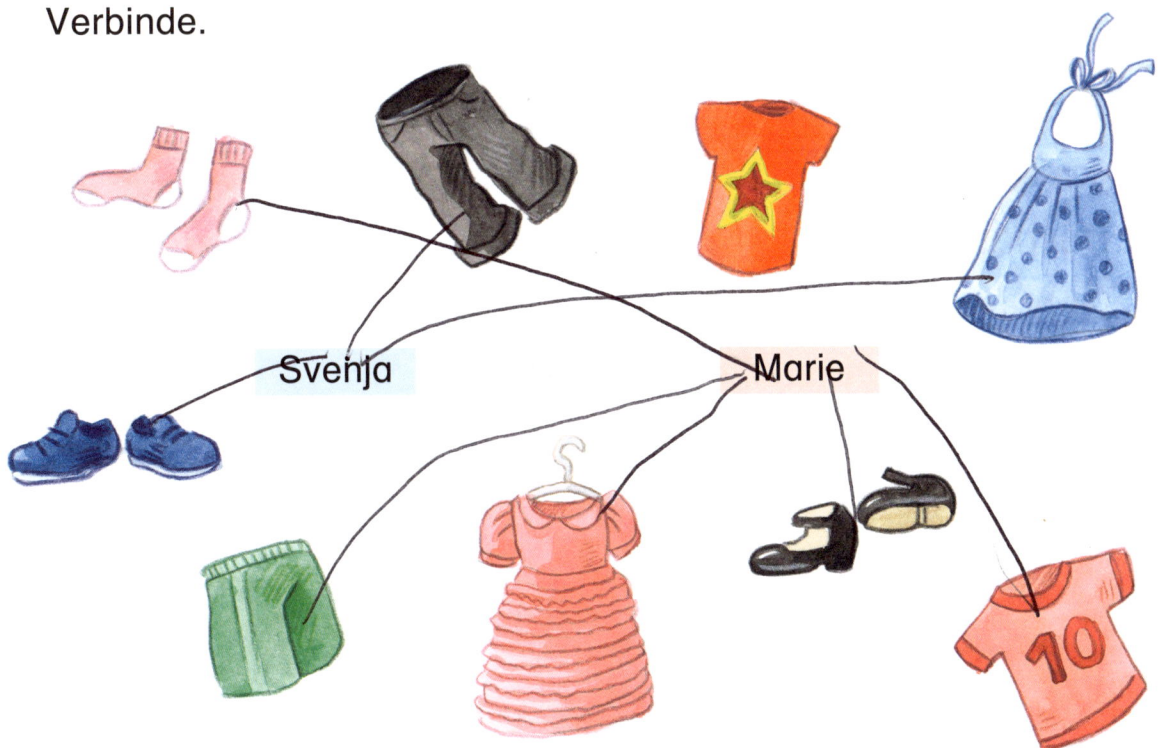

Svenja   Marie

48. Fall:

Kreise oben alle Kleidungsstücke ein,
die Marie und Svenja nach dem Spiel neu anziehen.

49. Fall:

Wie wird Marie im Text genannt? Trage ein.

Marie ist ein _Fußballass_.

Im Wohnzimmer sitzen
die anderen Kinder
um ein riesengroßes Plakat herum.
Sie malen Pferde
mit Svenjas neuem Malkasten.
Tilmann malt auch Pferde.
Svenja guckt schnell zu Niklas.
Bestimmt wird er gleich
über Tilmann lästern.
Aber Niklas lästert nicht.
Er fragt bloß: „Wer will
Autorennen am Computer spielen?"

Leserätsel

50. Fall:

Welche Satzhälften gehören zusammen? Verbinde.

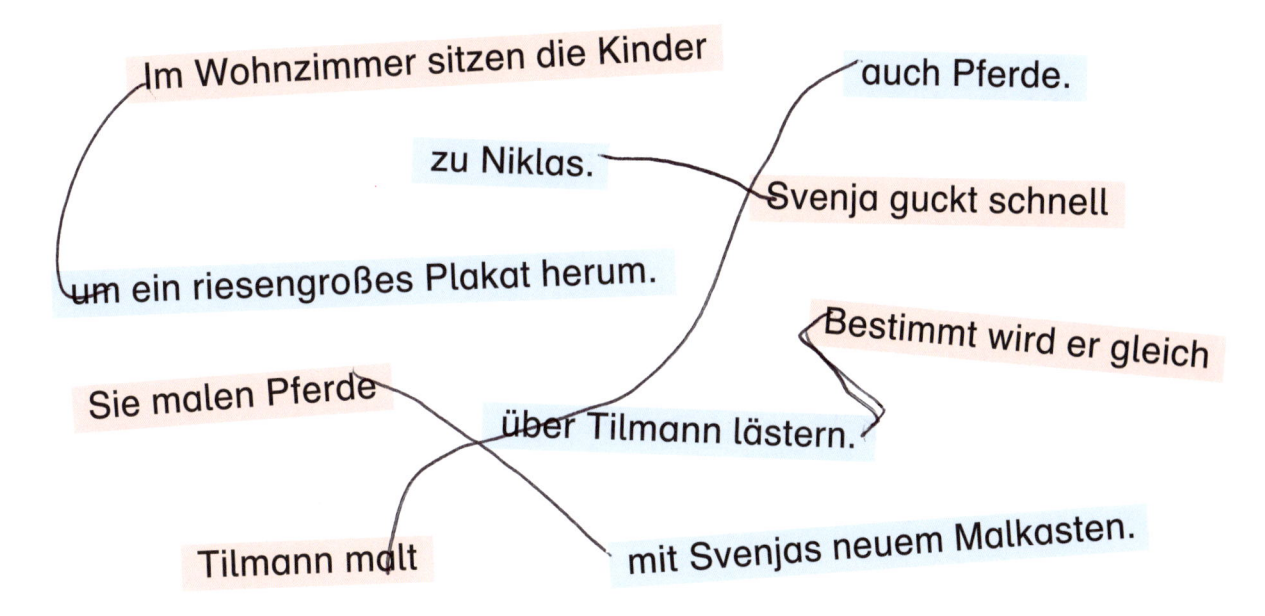

Im Wohnzimmer sitzen die Kinder — um ein riesengroßes Plakat herum.
zu Niklas. — Sie malen Pferde
auch Pferde.
Svenja guckt schnell — über Tilmann lästern.
Bestimmt wird er gleich — zu Niklas.
Tilmann malt — mit Svenjas neuem Malkasten.

51. Fall:

Was bedeutet „lästern"? Markiere.

- ⊗ jemanden belästigen
- ○ jemanden auslachen
- ⊗ abfällig über jemanden reden

52. Fall:

Mit welcher Hand malt Tilmann? Kreuze an.

- ⊠ mit der linken
- ☐ mit der rechten

41

„Ich!", schreien alle.
Am lautesten schreit Svenja.
„Du darfst zuerst", sagt Niklas zu ihr.
„Weil du heute Geburtstag hast."
Seit er haushoch im Fußball
gewonnen hat, ist er super gelaunt.
„Das ist eine tolle Party, Svenja",
schwärmt Marie.
„Sie heißt doch Sven", sagt Niklas.
„Und ist ein Junge."

Leserätsel

53. Fall:

Wer sagt was?
Verbinde jede Sprechblase mit der richtigen Person.

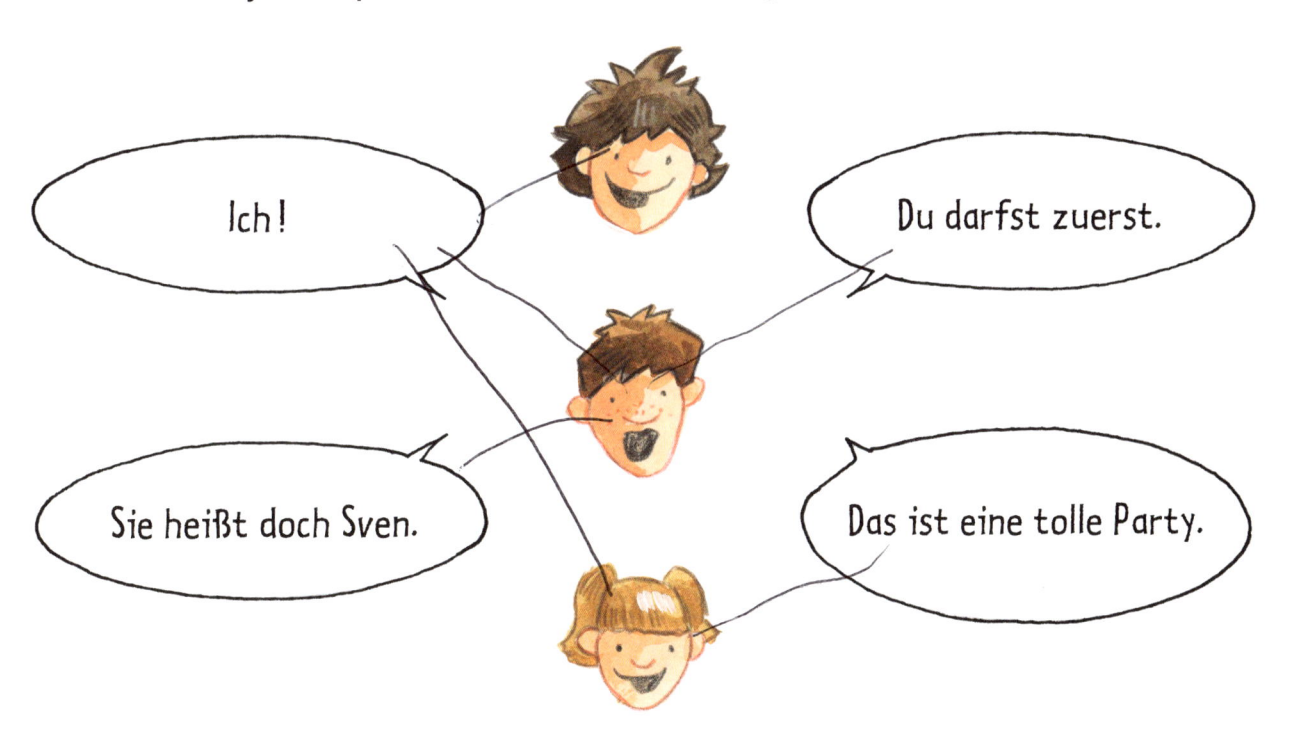

- Ich!
- Du darfst zuerst.
- Sie heißt doch Sven.
- Das ist eine tolle Party.

54. Fall:

Bringe die Wörter in die richtige Reihenfolge.
Nummeriere von 1 bis 11.

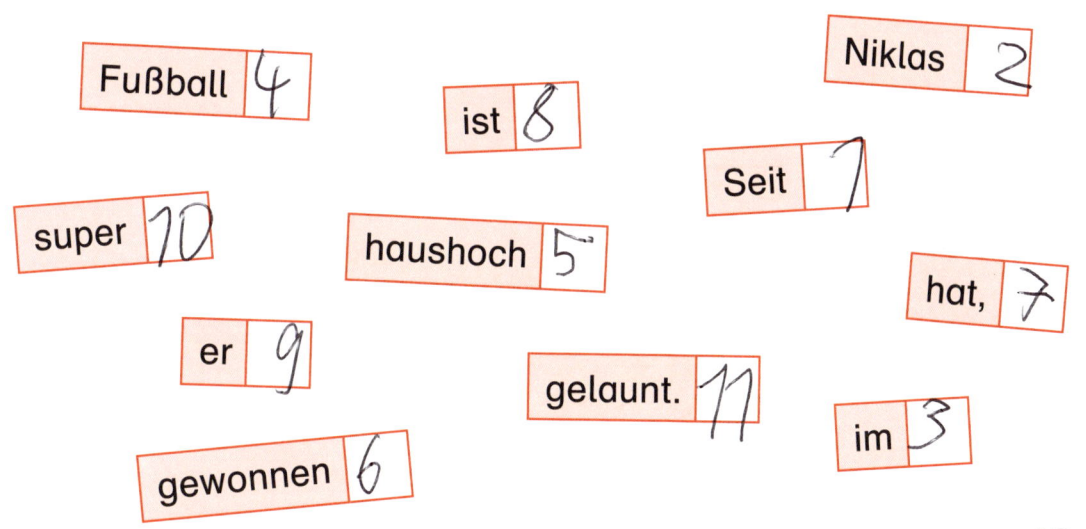

- Fußball 4
- ist 8
- Niklas 2
- Seit 1
- super 10
- haushoch 5
- hat, 7
- er 9
- gelaunt. 11
- im 3
- gewonnen 6

Svenja zögert.
Will sie wirklich Sven bleiben?
So ganz blöd findet sie es ja
nun auch nicht, ein Mädchen zu sein.
Schon wegen des Sommerkleids.
Außerdem spielt Marie Fußball.
Und Tilmann malt Pferde.
Und alle spielen Autorennen.
Ganz egal, ob sie
Junge oder Mädchen sind.
Deshalb könnte Svenja eigentlich
auch wieder richtig Svenja sein.

Fußball Mädchen
Junge Pferde
Sommerkleid

Leserätsel

55. Fall:

Male die Kärtchen, die zu einem Wort gehören, mit derselben Farbe an.

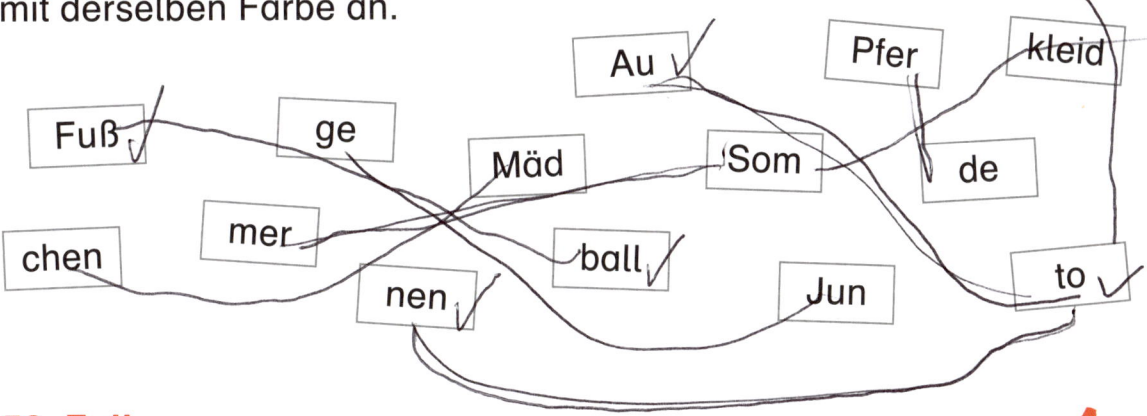

Fuß · ge · Au · Pfer · ren · kleid · Mäd · Som · de · chen · mer · ball · nen · Jun · to

56. Fall:

Ordne die Wörter aus dem 55. Fall nach dem Alphabet.

A B C

1. Autorennen
2. Fußball
3. Junge
4. Mädchen
5. Pferde
6. Sommerkleid

57. Fall:

Wie oft kommt der Name „Sven" in der gesamten Geschichte vor? Schreibe die Zahl auf das T-Shirt.

4

45

Lösungen

1. Fall:

Svenja hasst es, ✗ am Computer zu spielen.
Svenja liebt es, sich die Haare zu waschen.

2. Fall:

(Zahnbürste) Waschlappen Mülleimer
   (Spiegel)   (Föhn)
(Klopapier) (Handtuch) (Wäschetonne) Wecker

3. Fall:

☒ Svenjas Unterhemd ist blau.
☐ Am Haken hängt ein gelbes Handtuch.
☒ Der Föhn hat dieselbe Farbe wie die Wäschetonne.
☐ Svenja steht auf einem grünen Schemel.

4. Fall:

„Ich fahre / (bin) schneller als du!"

„Guck mal, wie mein Auto in die Kurve (düst) / rast!"

„Dich krieg ich doch (locker) / leicht!"

Er drückt wie wahnsinnig / (verrückt) auf die Tasten.

5. Fall:

~~Papa trägt ein grünes T-Shirt.~~
Niklas hat eine blaue Hose an.
~~Niklas sitzt rechts von Papa.~~
Papas Stuhl hat eine Lehne.
Niklas trägt ein orangefarbenes T-Shirt.

6. Fall:

Lineal
Korb
Pinsel
Kranz
Zopf

7. Fall:

Svenja rubbelt sich die _Haare_ trocken.
Sie würde so _gerne_ bei Papa und Niklas mitspielen.
Aber Mama will ihr gleich noch einen schönen _Zopf_ flechten.
Heute _feiert_ Svenja nämlich Geburtstag.

8. Fall:

fröhlich   (grimmig)   traurig

9. Fall:

☒ sie sich nicht fein machen müssen.
☒ sie immer am Computer spielen dürfen.
☐ sie immer Hosen anziehen dürfen.
☐ sie länger aufbleiben dürfen.
☒ sie tolle Sachen geschenkt kriegen.

10. Fall:

SVENJA / WÄRE / AM / LIEBSTEN / AUCH / EIN / JUNGE.

11. Fall:

kriegen   fliegen   ~~legen~~   siegen   biegen
haben   graben   traben   ~~loben~~   schaben

12. Fall:

Auf der Ablage vor dem Spiegel liegt eine Zange / Zahnbürste / (Schere).

Svenja schaut ihre (Haare) / Augen / Hände an.

Die Schere wandert wie von selbst in ihre Hosentasche / (Hand) / Finger.

13. Fall:

☐ Lange Haare sind ihr zu kompliziert.
☐ Sie will ihre Eltern ärgern.
☒ Sie will ein Junge sein.

14. Fall:
Svenja — ist unfair.
Niklas — schleicht ins Zimmer.
Papa — beschwert sich.

15. Fall:
unfreundlich (ungerecht) unheimlich

16. Fall:
☑ mit leisen Schritten
☐ mit großen Schritten
☐ mit schnellen Schritten

17. Fall:
☐ druchgescheuert.
☒ durchgescheuert.
☐ durchgescheurert.

18. Fall:
im Frühling (im Sommer) im Herbst im Winter

19. Fall:

20. Fall:
☐ Sie haben Svenjas Kopf gesehen.
☐ Niklas hat sie gerufen.
☒ Niklas hat so laut gebrüllt.

21. Fall:
Göre — Mädchen
Knabe — Junge
Mädel — Mädchen
Junge
Bursche — Junge
Girl — Mädchen
Bub — Junge

22. Fall:
Paula̷ Stefanie̷ Karla̷
Antonia̷ Emilia̷ Leonie̷ Franziska̷
Franka̷

23. Fall:

24. Fall:
81 − 73   (21 : 3)   30 : 5

25. Fall:
☐ ein rosa Kleid mit blauen Rüschen
☐ ein rotes Kleid mit lauter Rüschen
☒ ein rosa Kleid mit lauter Rüschen
☐ ein rosa Kleid mit lauter Röschen

26. Fall:
Sie finden das total doof.   Es stört sie nicht.   Sie lachen Svenja aus.

27. Fall:
☒ ☐ ☐

28. Fall:
Wie viele Kinder haben einen oder zwei Zöpfe? 3
Wie viele Kinder tragen eine Brille? 1
Wie viele Kinder schließen beim Singen die Augen? 3

29. Fall:
Topf — schlagen
Eier — schnappen
Brezel — laufen

Lösungen

30. Fall:

Niklas schummelt beim Topfschlagen. [mogelt]

Er linst unter seiner Augenbinde hervor. [blinzelt]

Er schubst Svenja mit dem Ellbogen zur Seite. [drängt]

31. Fall:

geschickter

Er ist ~~schneller~~ als die anderen Kinder.
(größer)

32. Fall:

(Spielverderber.)   Angeber.   Vordrängler.

33. Fall:

Svenja, Marie, Niklas

34. Fall:

Rü schen kleid	3
Ba by kram	3
ver der ben	3
so wie so	3

35. Fall:

ja	nein
☐	☒
☐	☒
☒	☐

36. Fall:

○ Marie gegen Svenja und Niklas
○ Niklas und Tilmann gegen Svenja und Marie
✓ Niklas gegen Svenja und Marie

37. Fall:

Niklas —✗— Tilman
murmelt.   murrt.

38. Fall:

Marie schießt das erste Tor.

39. Fall:

☐ zwischen einer Hecke und einer Tanne
☒ zwischen einer Tanne und einem Apfelbaum
☐ zwischen einem Apfelbaum und einer Fichte

40. Fall:

4	Sie schießt den Ball haargenau zwischen den beiden Bäumen hindurch.
2	Sie gehen zu dritt in den Garten.
1	Alle anderen haben keine Lust auf Fußball.
5	„Tooor!", jubelt Svenja.
3	Marie schnappt sich sofort den Ball.

41. Fall:

„Das gilt nicht", ~~ist~~ behauptet Niklas.

Er pfeift ~~Tor~~ und spurtet mit dem Ball los.

Marie hält ~~aus~~ locker mit Niklas mit.

Sie schießt ~~Ball~~ das zweite Tor.

42. Fall:

stimmt	stimmt nicht
☒	☐
☐	☒
☒	☐
☒	☐
☐	☒

43. Fall:

B	T	A	U	S	E	N	D
K	U	K	M	A	R	I	E
I	Z	J	L	E	W	K	A
L	F	U	ß	B	A	L	L
O	R	N	T	M	B	A	S
M	A	G	E	H	O	S	E
S	V	E	N	J	A	K	C

tausend, Marie, Fußball, Hose, Svenja, Kilo, Junge, Niklas

44. Fall:

Ihr ist   oberafenheiß.   oberaffeheiß.
(oberaffenheiß.)